AF341787

G. 1299.

REPONSE
AUX
OBSERVATIONS
SUR LA
CHRONOLOGIE
DE
M. NEWTON.
AVEC
UNE LETTRE
DE M.....

Au ſujet de ladite Réponſe.

A PARIS,
Chez Noel Pissot, Quai des Auguſtins, vis-à-vis la Deſcente du Pont-Neuf, à la Croix d'or.

M. DCC. XXVI.

AVEC APPROBATION.

REPONSE

AUX

OBSERVATIONS

SUR LA

CHRONOLOGIE

DE

M. NEWTON.

LE 11. Novembre 1725. on me remit entre les mains, comme un preſent de la part de Mr. Guillaume Cavelier, fils, Libraire à Paris, qui ne m'eſt point connu, un petit Imprimé intitulé, *Abregé de Chronologie de Mr. le Chevalier Newton fait par lui-même, & traduit*

sur le *Manuscript Anglois.* A la tête de ce Traité on voit un avertissement du Libraire, par lequel il tâche de s'excuser sur ce qu'il l'imprime sans mon consentement, alleguant qu'il m'avoit écrit trois Lettres differentes pour en obtenir la permission, dans la troisiéme desquelles il me marquoit qu'il prendroit mon silence pour un consentement ; il ajoute qu'il avoit encore chargé un de ses amis, qui est à Londres, de me parler, & de tirer de moi une réponse précise ; qu'après avoir attendu long-tems ce que produiroit cette nouvelle démarche, il a crû qu'il lui étoit permis de prendre mon silence pour un espece de consentement. Que sur ce fondement, il avoit pris un Privilege, & avoit imprimé mon Manuscript, après quoi il avoit reçû de moi par son ami la réponse suivante.

JE me ressouviens d'avoir écrit un Index chronololoqigue pour un ami particulier, à condition qu'il ne seroit pas communiqué. Comme je n'ai pas vû le Manuscript que vous avez sous mon nom, je ne sçai si c'est celui-là même. Ce que j'avois écrit, n'avoit pas été fait à dessein de le publier ; mon intention n'est point de me mêler de celui

qui vous a été donné sous mon nom, ni
de donner aucun consentement pour le
dublier. Je suis votre très-humble Ser-
viteur,

Isaac Newton

A Londres ce 27. May 1725.
vieux style.

Le Privilege est accordé le 21. May vieux Style, regiſtré le 25. la date de ma Lettre eſt du 27. & l'*Index* Chronologique ou Abregé, comme il l'appelle, eſt imprimé avant l'arrivée de ma Lettre, & mis en reſerve pour être publié en temps convenable. Le Libraire ſçavoit que je n'avois pas vû la Traduction de l'Abregé, & qu'à moins de l'avoir vûë, je ne pouvois pas donner mon conſentement à l'impreſſion. Il ſçavoit que le Traducteur m'étoit inconnu, & qu'il étoit dans des ſentimens oppoſez aux miens, & par conſequent il ſçavoit qu'il n'étoit pas convenable à moi de donner mon conſentement; ni à lui de le demander; il ſçavoit que le Traducteur avoit écrit une réfutation des papiers qu'il avoit traduits, & que cette réfutation, ſous le titre d'Obſervations, devoit être imprimée à la fin de ſa traduction; cependant il ne m'informe ni de ces circonſtances, ni du nom de l'Obſervateur, & ne laiſſe pas de me

A iij

demander mon confentement pour l'impreffion; comme fi un homme pouvoit être affez dépourvû de fens, pour confentir à l'impreffion d'une traduction qu'il n'a point vûë, & dont il ignore l'Auteur, & ne pas trouver mauvais qu'elle commence à paroître en public avec une refutation de fon propre ouvrage fans la fuite d'une réponfe.

Après avoir rapporté ma Lettre, il ajoute que l'Auteur de la Traduction & des Obfervations prétend avoir une entiere certitude que cet *Index* ou Abregé Chronologique eft celui-là même qui eft avoüé par moi dans ma Lettre ci-deffus, & qu'il eft très-perfuadé que le Manufcript qui lui a été communiqué a été copié fur celui de l'ami pour qui il a été écrit, c'eft-à-dire de cet ami particulier dont je fais mention dans ma Lettre; cela pofé, il s'enfuit que le Manufcript qui lui a été communiqué eft celui de l'Abbé Conti, noble Venitien, refidant préfentement à Paris.

L'Abbé Conti étoit en Angleterre, il y a environ fept ans; il m'avertit un jour que l'ami mentionné ci-deffus fouhaitoit de me parler, j'allai le trouver, il me demanda une Copie de ce que j'avois écrit fur la Chronologie, je répondis

que ce que j'avois sur cette matiere étoit
confus & imparfait ; mais que dans peu de
jours je pourrois lui en presenter un
Extrait qui auroit quelque forme, à condition que la chose demeureroit secrete ;
mon offre fut acceptée, & je satisfis à ma
promesse ; peu de temps après l'ami en
faveur de qui l'extrait avoit été fait,
souhaita que l'Abbé Conti en pût avoir
une Copie, à quoi je consentis. Il étoit
le seul qui en eût tiré copie ; il sçavoit
que ce Manuscript devoit être secret, &
que c'étoit seulement à la consideration
de l'ami qui me l'avoit demandé, que je
lui avois accordé la permission de le
transcrire ; il me garde donc le secret
pendant qu'il est en Angleterre ; mais lorsqu'il en est dehors, il en disperse des
Copies en France ; il trouve un Antiquaire pour le traduire en François &
pour le refuter ; de son côté l'Antiquaire
trouve un Imprimeur qui imprime la traduction & la refutation, & l'Imprimeur
tâche d'obtenir de moi la permission d'imprimer la traduction sans m'en envoyer
copie pour être par moi confrontée avec
l'Original, sans m'apprendre le nom du
Traducteur, & sans me faire sçavoir que
son dessein étoit de le faire imprimer in-
dependament d'une Réponse.

A iiij

Le Traducteur vers la fin de ſes Obſervations (*pag* 90.) dit ; *je crois en avoir dit aſſez au ſujet de l'Epoque des Argonautes & de l'Evaluation des générations, pour qu'on ſe tienne en garde contre le reſte : Car ce ſont-là les deux fondemens de tout ce nouveau Siſteme Chronologique.* Ce qu'il dit au ſujet de l'Epoque des Argonautes, eſt fondé ſur ce qu'il s'imagine que je place l'Equinoxe du Printemps, tel qu'il étoit au temps de l'Expedition des Argonautes, à la diſtance de 15. degrez de la premiere Etoile du Belier (*pag.* 75. 79.) Mais je ne le place point où il dit ; je le place dans le milieu de la Conſtellation, & ce milieu n'eſt pas éloigné de 15. degrez de la premiere Etoile du Belier. L'Obſervateur avouë que les Conſtellations ont été formées par *Chiron* (*pag.* 70. 71. 79.) & que les Solſtices & les Equinoxes étoient alors dans le milieu des Conſtellations, & qu'Eudoxe, dans ſon Enoptron ou Miroir cité par Hipparque, ſuivoit cette opinion, (*pag.* 62. 63. 65. 69. 79.) & Hipparque nomme les Etoiles par où paſſoient les Colures dans cette ancienne Sphere ſelon Eudoxe ; en conſequence de quoi il place le Colure de l'Equinoxe environ à 7. *d.* 36. *m.* de la

premiere Etoile du Belier ; je fui Hipparque & Eudoxe ; mais l'Obfervateur
reprefente que je place le Colure à la di-
ftance de quinze degrez de la premiere
Etoile du Belier, d'où il conclut que je
devois avoir placé l'Expedition des Argonautes à un temps plus reculé de 532.
ans que le temps où je la marque. S'il
prend la peine de rectifier fa méprife , il
trouvera que l'Expedition des Argonautes
s'eft faite au temps où je l'ai fixée.

A l'égard des génerations , il dit que
je les eftime l'une portant l'autre fur le
pied de 18. ou 20. années chacune.
(*pag.* 52. 55.) ce qui eft une autre
méprife. Je m'accorde avec les Anciens à
compter trois génerations pour environ
cent ans ; mais je n'égale pas les Regnes
des Rois aux génerations , comme l'ont
fait les anciens Grecs & Egyptiens ; j'é-
valuë le Regne des Rois à 18. ou 20.
ans l'un portant l'autre , à prendre dix ou
douze Rois fucceffifs ; ainfi, les 24. pre-
miers Rois de France (Pharamond , &c.
ont regné 458. ans , ce qui fait l'un portant l'autre 19. ans chacun ; les 24. Rois
fuivans (Louis le Begue , &c.) ont regné
451. an , ce qui revient l'un portant l'autre à 18. ans trois quarts ; les 15. Rois
fuivans (Philippe de Valois , &c.) ont

regné 315. ans, ce qui fait l'un portant l'autre 21. an; & les Regnes de ces 63. Rois pris ensemble font un intervalle de 1224. ans, ce qui fait pour chacun 19. ans & demi; à quoi si l'on ajoute le long Regne de Louis Quatorze, les 64. Rois de France n'auront regné, l'un portant l'autre, que 20. ans chacun. Ceux qui se donneront la peine d'examiner cette matiere, trouveront que c'est la même chose pour les autres Royaumes. Sur ce principe, j'accourcis la durée des anciens Royaumes de la Grece dans la même proportion que j'accourcis les Regnes de leurs Rois; par-là, je fais que l'Expedition des Argonautes soit posterieure à la mort de Salomon d'un intervalle d'environ 44. ans, que la prise de Troye y soit posterieure d'un intervalle d'environ 76. ans, & que Sesostris soit contemporain de Sesac.

Il paroît donc que l'Observateur a mal pris mon sens dans les deux points principaux qu'il dit être le fondement de mon Sisteme, qu'il a entrepris de traduire & de refuter un Ecrit qu'il n'entendoit pas, & qu'il s'est empressé de le faire imprimer sans mon consentement, quoiqu'il ait crû qu'il n'étoit bon à rien qu'à lui gagner un peu de réputation en le traduisant, afin de le refuter ; c'est-à-dire, afin de refuter sa propre traduction.

L'Observateur dit que je suppose que vers l'an 900. avant l'Ere Chrétienne, les Egyptiens avoient commencé à former leur Religion, & qu'ils avoient déifié les hommes qui, ayant vécu parmi eux, avoient été reconnus pour les Inventeurs des Arts, quoiqu'il paroisse par les Livres de Moyse que leur Idolatrie & leurs Arts étoient de la même ancienneté que les jours de Moyse & de Jacob ; (*pag.* 82. 83.) mais il se trompe encore ; je ne nie pas que le Royaume de la basse Egypte, appellé Mizraim, n'eut eu une Religion en propre, jusqu'à ce qu'il eût été envahi & subjugué par les Pasteurs qui étoient d'une autre Religion ; mais je dis que quand les Thebains eurent chassé les Pasteurs, ils établirent le Culte de leurs Rois, & de leurs Princes ; je dis aussi que les Arts avoient été apportez en Europe, principalement par les Pheniciens & les Curetes, du temps de Cadmus & de David, environ 1041. ans avant Jesus - Christ, & ne nie pas qu'ils n'eussent été établis dans la Phenicie, l'Egypte & l'Idumée, avant que d'être apportez en Europe.

L'Obſervateur dit auſſi que , pour l'année 884. avant Jeſus - Chriſt , je place le commencement du Cycle caniculaire des Egyptiens au jour de l'Equinoxe du Printemps , quoique ce Cycle Egyptien ne commence pas au Printemps. Il continuë à ſe méprendre ; je ne touche point à ce Cycle , mais je parle de l'année Egyptienne de 365. jours.

L'Obſervateur inſinuë qu'il doit paroître de moi un grand Ouvrage ſur cette matiere ; mais je n'ai jamais rien dit dont on le dût inferer ; car quoique pendant mon ſéjour à Cambridge je me ſois quelquefois occupé agréablement de l'Hiſtoire , & de la Chronologie , lorſque j'étois las de mes autres études ; cependant je n'ai jamais déclaré que j'euſſe deſſein de rien publier ſur ce ſujet.

L'Abbé Conti vint en Angleterre dans le Printemps de l'année 1715. il vouloit que je cruſſe qu'il étoit de mes amis ; mais il ſecondoit Mr. Leibnitz dans le deſſein qu'il avoit de m'engager dans de nouvelles diſputes ; il a perſeveré dans les mêmes diſpoſitions depuis qu'il eſt en France ; la conduite qu'il a tenuë ici , ſe peut con-

montre en partie par le Caractere qui
lui est donné dans les Actes de Leip-
sic pour l'année 1721. (*pag.* 90.)
où l'Editeur après avoir témoigné sa re-
pugnance à renouveller l'idée de certaines disputes dont il avoit été fait
mention par le passé, ajoûte, *Suffeceris
itaque annotasse Abbatem quemdam
Italum de Conti, nobilem Venetum,
(de quo admiratione digna sibi præscri-
pta esse ab Hermanno fatetur Leibni-
tius,) cum ex Gallia in Angliam
trajecisset, Mediatoris vices in se sus-
cipere voluisse, atque Litteras Newtoni
ad Leibnitium deferri curasse, Leibni-
tianas cum Newtono communicasse.*
Mais on peut voir dans la Préface de
la seconde Edition du *Commercium Epistolicum,* comment, à l'aide de cette Me-
diation de l'Abbé Conti, Mr. Leibnitz
avoit tâché de m'engager, contre mon
gré, dans de nouvelles disputes sur les
Qualitez occultes, la Gravité universelle,
le *Sensorium* de Dieu, l'Espace, le
Temps, le Vuide, les Atomes, la Perfection de l'Univers, l'Intelligence supramondaine, & sur des Problemes de Mathematique. A l'égard des ressorts qu'il
a fait agir en Italie, on en peut sçavoir
quelque chose par les disputes qu'un

de ſes amis y a fait naître au ſujet de pluſieurs de mes Experiences d'Optique, qu'il s'obſtine à recuſer, quoiqu'elles ayent été toutes repetées en France avec Succès ; mais j'eſpere qu'à l'avenir on ne m'inquietera plus de choſes de cette nature, non plus que du Mouvement Perpetuel.

F I N.

LETTRE

De M. au sujet d'un petit Ecrit intitulé : *Réponse aux Observations sur la Chronologie de Mr. Nevvton.*

ON vient de me communiquer la Réponse aux Observations sur la Chronologie de Mr. Newton, dans laquelle il est fait mention de moi ; je répondrai seulement aux articles qui me regardent.

Mr. Newton se méprend, lorsqu'il avance que *j'étois le seul qui eût tiré copie de son* Index, *ou abregé Chronologique.* Il ignore apparemment que Mr Coste quelque tems avant moi en avoit fait une pour une Dame de qualité. C'est un fait que Mr. Coste n'aura pas oublié.

Quand je partis de Londres il y avoit déja quatre Copies du Manuscrit de Mr. Newton ; celle de l'ami dont il parle, une de Mr. Cofte , la mienne, & une autre faite en faveur d'un jeune homme qui devoit partir pour les pays étrangers où il eft mort ; à ces quatre Copies je pourrois en ajoûter une cinquiéme : il n'eft guere vrai-femblable que Mr. Cofte n'en ait point gardé ; mais je m'arrête fimplement à ce qui m'eft connu.

Mr. Newton prétend encore que *le Manufcrit devoit être fecret.* Entend-il par-là que voulant débroüiller les raifons des Epoques , il ne m'étoit pas permis de lui faire des objeétions ? En ce cas-là , de quelle utilité m'auroit été le Manufcrit ?

Je fçavois qu'il étoit inutile de confulter Mr. Newton ; car avant mon départ de Londres , il m'avoit averti qu'il n'écriroit à perfonne fur les Controverfes Litteraires pour ne pas perdre fon tems. Je priai donc Mr. Cofte de tirer de Mr. Newton la raifon de l'*identité* de *Sefoftris* & *d'Ofiris.* Un des grands fondemens de l'Abregé Chronologique.. Mr Cofte ne me fit point de réponfe, ce qui excita encore plus ma curiofité.

Je cherchai des lumieres Chronologiques par tout. Le R. P. Souciet Jefuite , qui eft très-fçavant dans l'ancienne Chronologie, m'ayant propofé certáines

difficultés

difficultés sur l'Epoque de Chiron , & sur celle de Rome ; je les envoyai à Mr Newton par les conseils d'un Seigneur Anglois , qui étoit pour lors à Paris.

On n'avoit pas dessein d'imprimer ces Objections , & on n'en a pas parlé pendant quatre ans. Il a plû au Traducteur du Manuscrit de réveiller la dispute ; mais Mr. Newton l'auroit peut-être étouffée dès son origine , s'il eût daigné communiquer par écrit la réponse qu'il vient d'imprimer , & que je lui demandois par Mr. Taylor.

Autre plainte de Mr. Newton : Il dit que j'ai *gardé le secret du Manuscrit pendant mon séjour en Angleterre ; mais que j'en ai dispersé des Copies en France.*

Il est vrai ; je communiqué le Manuscrit de Mr. Newton dans la suposition , qu'un Manuscrit, dont on avoit déja tiré plusieurs Copies en Angleterre , deviendroit bientôt public en France ; Est-ce-là un crime digne de quatre années de plaintes , & d'un reproche public ? Tout autre que Mr. Newton auroit été charmé de l'idée que je m'étois formée du mérite de son Ouvrage ; & de l'impatience que j'avois de le faire connoître aussi éclairé dans l'Histoire & dans la Critique, que profond dans les Mathematiques & dans

B

la Philofophie. Cependant je veux bien
avoir tort.

Ne ferois-je pas en droit de faire le
même reproche à Mr. Newton, qui à
mon infçû fit imprimer à la fin du Livre
de Rapfon la Lettre de Mr. Leïbniz que
je lui avois communiquée? Je fus fort
étonné de la trouver imprimée à mon
retour d'Hanover. Cependant je n'en fis
pas une querelle à Mr. Newton, quoique
plufieurs perfonnes m'y excitaffent.

Mr. Newton dit que *j'ai trouvé un
Antiquaire pour traduire fon Manufcrit
& pour le refuter*: c'eft une accufation
hazardée & fans aucun fondement. Tous
ceux qui me connoiffent, le Traducteur
même, en conviendront.

Mr. Newton dit *qu'étant en Angleterre je voulois qu'il crût que j'étois de
fes amis.* Pouvois-je lui donner de plus
grandes preuves de mon eftime & de ma
confideration, que de parler de lui, comme je fis à tous les Miniftres & Seigneurs
Allemans qui étoient à Londres, & qui
s'intereffoient pour Mr. Leïbnitz? Que ne
m'a pas dit Mr. le Comte de Bothmer,
lorfqu'il me donna la Lettre que Mr. des
Maizeaux a fait imprimer dans fon Recueil de diverfes Pieces fur la Philofophie,
les Mathematiques, &c.

Je ne changeai point de langage en France ; je citerai pour mes guarans, non seulement Mrs l'Abbé Fraguier, Fontenelle, Saurin, Nicolle, Terrasson, à qui j'ai parlé souvent avec éloge, & même avec chaleur des systemes Phisiques & Mathematiques de Mr. Newton ; mais je citerai encore Mr. le Duc de Villeroy, Mr le Duc de la Rochefoucault, Mr. le Duc de Sully, Mr le Marquis de Liancourt, & tant d'autres Seigneurs qui sont témoins de l'estime que j'ai toujours eu pour ce sçavant homme. Mr. le Comte de Caylus sçait que pour défendre le systeme, non pas de la pesanteur universelle, mais de la pesanteur des Planettes, j'ai osé disputer avec S. E. le Cardinal de Polignac, chez Mr. Gaugé qui venoit de faire les experiences sur les couleurs ; je me flate que Mylord & Mylady de Boulinbroke voudront bien confirmer la verité de ces sentimens, dont ils ont été très-souvent les témoins.

Si après toutes ces preuves je ne puis démontrer geométriquement à Mr. Newton que je suis son ami, j'en suis fâché ; mais quand même j'en pourrois faire une démonstration geométrique, elle n'effaceroit jamais les impressions de soupçon & de défiance qui lui sont inspirées par des gens qui sans aucune raison l'excite[nt] contre moi.

Mr. Newton adopte le pass[age des] Actes de Leïpsic, où l'on me fait [média]teur entre lui & Mr. Leïbnitz : qu'il me soit permis à mon tour de dire comm[e la] chose s'est passée ; le public en jugera.

Mr. Leïbnitz m'écrivit à Londre[s la] Lettre qui est dans le Recueil d[e Mr.] des Maizeaux ; comme il ne me d[eman]doit pas le secret, & que la Lettre conte[noit] noit dans le fonds à peu près la m[ême] chose qu'on avoit publiée dans q[uelque] imprimés d'Allemagne & dans d'au[tres] Lettres particulieres, je n'en fis pas [un] mystere à Mr. Newton.

Il fut fâché de la résistance de Mr. [Leïb]nitz, & trois ou quatre jours après [me] pria d'engager les Ministres des Princ[es] Etrangers, & quelques Barons A[llemans] d'aller à la Societé Royale, où l'on de[v]oit collationner les Lettres de Mr. L[eïb]nitz, avec d'autres papiers que l'on con[ser]fervoit dans les Archives de la mêm[e So]cieté.

Mr. Newton disoit que pour tout[es] preu[]ves contre Mr. Leïbnitz, il lui suffisoit qu'on reconnût que les Lettres écrites à Mr. Sloanne, à Mr. Chamberlayne, & à moi étoient de la même écriture que les papiers des Archives. Toute la Lettre que Mr. Newton m'écrivit ensuite, est fondée sur ce principe, qui est celui des Remarques du *Commercium Epistolicum.* En effet, si ces Remarques sont des Démonstrations, comme on le prétend, il suffit à Mr. Newton d'avoir prouvé que les Lettres du *Commercium*, ont été écrites par Mr. Leïbnitz.

On collationna donc les papiers en présence de plusieurs Ministres Etrangers & de plusieurs Barons Allemans. Il y avoit parmi eux le Comte de Kielmansegger, qui devant toute l'Assemblée, dit à Mr. Newton que pour finir la dispute, il auroit été plus utile qu'il eût mis lui-même ses raisons par écrit, au lieu de s'amuser à confronter des papiers dont la collation étoit trop superficielle ; trop précipitée , & sans juges competans.

Mr. de Kielmansegger en parla à Sa Majesté Britannique qui approuva ce projet ; je le communiquai à Mr. Newton, & je lui representai la necessité d'écrire pour justifier sa cause ; mais je lui parlai en ami , & non pas comme un Ministre qui est chargé des ordres de sa Cour. Ainsi rien n'obligeoit Mr. Newton d'entrer dans la dispute ; cependant il m'écrivit une Lettre que je ne lui avois pas de-

manflé. Comment prouvera-t-il le contraire?

Voilà l'histoire fidéle de ce que Mr
Newton a fait imprimer plusieurs fois en
supprimant la veritable circonstance d'un
fait, où l'on voit que personne ne l'a forcé à se mêler de la querelle. Je communiquai par écrit cette Anecdote à Mr
Taylor lorsqu'il étoit à Paris, & j'en fi
part à Mr. des Maizeaux lorsqu'il m'en-
voya son Recueil; mais je n'avois garde
de le publier, pour ne pas donner occa-
sion aux ennemis de Mr. Newton de
tirer des consequences à son desavantage

Quoique Mr. Leïbniz dise dans sa
Lettre, que je lui envoye le Cartel du
défi, Mr. Newton veut croire que Mr
Leïbnitz m'avoit choisi pour médiateur
Je veux bien accepter la médiation, elle
me fait honneur; mais ne dépendoit-il
pas de Mr Newton de la refuser? Il la
refusa si peu, qu'il se plaignit plus d'une
fois que Mr. Leïbnitz eût adressé sa Lettre
à Mr. Remond à Paris, & non pas à moi
directement à Londres.

Après la mort de Mr. Leïbnitz, Mr
Newton fit plusieurs remarques sur sa
premiere réponse, & il étala avec beaucoup de chaleur l'histoire du progrès de
sa nouvelle découverte. Il ne se plaignit

pour lors nullement de moi, au contraire, c'est dans ce tems-là (c'est-à-dire après mon retour d'Hanover) qu'il me donna des marques de sa plus tendre amitié.

Cependant les Mathematiciens Allemans continuoient à multiplier les écrits contre lui & les Mathematiciens de France ne se déclaroient pas en sa faveur, comme il auroit souhaité. Il se repentit donc d'avoir écrit une Lettre qui n'avoit servi qu'à déceler ce qu'il avoit caché au commencement avec tant de soin ; car on voyoit par le stile de ses Lettres, qu'il étoit l'Auteur des Remarques du *Commercium Epistolicum*, & on ne doutoit plus que tout ce qu'on avoit dit & fait contre Mr Leïbnitz, ne fût par ses conseils, ou ses sollicitations, ce que Mr. Leïbnitz avoit soupçonné. *Mr. Newton, dit Mr. Leïbnitz, a fait publier ✱ un arrêt par un Livre imprimé exprès pour me décrediter, & l'a envoyé en Allemagne, en France, & en Italie, comme au nom de la Societé.*

Mr. Newton voulant donc faire acroire qu'il avoit été forcé à justifier sa cause, n'eut recours qu'à des plaintes, & comme elles n'avoient pas d'objets réels, il en

✱ *Pref. de Mr. des Maizeaux , page* 13.

fut chercher un dans ces Problêmes de Métaphysique & de Mathematique, dans lesquels il prétend qu'on *vouloit l'engager contre son gré à l'aide de ma médiation.* Il fit imprimer ses plaintes dans la seconde Edition du *Commercium Epistolicum.* Je ne dis mot. Il les renouvelle presentement dans un écrit, où il ne s'agit que de l'impression de sa Chronologie: N'est-ce pas-là abuser de mon silence, comme si je n'osois parler, faute de preuves?

Pour les Problêmes de Mathematique, Mr. Leïbnitz dit dans sa Lettre : *Je n'ai garde d'en proposer à Mr. Newton; car je ne voudrois pas m'y engager moi-même, quand on m'en proposeroit. Nous pouvons nous en dispenser à l'âge où nous sommes ; mais nous avons des amis qui peuvent suppléer à notre défaut.*

Voila un congé dans les formes ; cependant Mr. Newton voulut résoudre le Problême proposé par Mr. Leibnitz, & il en fit inserer sans nom d'Auteur la solution dans les transactions Philosophiques ; il l'avoit déja résolu *synthetiquement* dans un cas particulier, & j'en dois avoir la solution écrite de sa main.

Pour les questions Métaphysiques, s'il eût voulu les éviter, se seroit-il avisé dans sa Lettre d'attaquer Mr Leïbnitz, jusqu'à lui

lui dire, qu'il détournoit la significa-
tion des mots, de leurs usages ordinaires,
que l'harmonie prétablie est un veritable
miracle, &c.

Il n'en falloit pas tant pour obliger Mr.
Leïbnitz à justifier sa Philosophie, ce qu'il
fait cependant en peu de mots ; & après
avoir dit, *qu'il avoit donné publique-*
ment quelques-uns de ses principes, sans
attaquer ceux de Mr. Newton.

Quand Mr. Leïbnitz m'écrivit à Londres, il disputoit avec le Docteur Clarke,
sur les Atomes, sur le Vuide, sur l'Attra-
ction, sur l'Intelligence *supramondaine,*
&c. Il en abregea les principales idées
dans sa Lettre ; il ne me dit pas de proposer à Mr. Newton d'éclaircir certains
principes Métaphysiques que ses Secta-
teurs expliquoient trop mal , ou poussoient
trop loin ; mais il m'invite de porter
cet habile homme à nous *donner jusqu'à*
ses conjectures en Physique. Pourquoi Mr.
Newton veut-il confondre ces deux
choses pour me faire une querelle ?

Je n'ai écrit que deux fois à Mr. Leïbnitz ; * car mes amis me conseillerent de
ne pas répondre à la seconde Lettre, où
il paroissoit fâché contre moi de ce que

* *Réponse de Mr. l'Abbé Conty à Mr. Leïbnitz. p. 12.*

j'ai voulu être neutre dans la dispute, & ne dire qu'historiquement ce que j'a- vois vû & lû sur ce sujet.

Puisque donc Mr. Leïbnitz ne m'a ja- mais parlé dans ses Lettres de proposer des questions Métaphysiques à Mr. New- ton; il faut que Mr. Newton démontre ou que Mr. Leïbnitz m'a écrit d'autres Lettres, que celles qui ont été publiées; ou qu'il avoüe que ses disputes ne sont pas moins imaginaires, que celles qu'il met toutes sur mon compte. Les voici.

A l'égard des ressorts, dit-il, qu'il a fait agir en Italie, on en peut sçavoir quelque chose par les disputes qu'un de ses amis a fait naître au sujet de mes ex- periences d'Optique, qu'il s'obstine à re- fuser, quoiqu'elles ayent été répetées en France avec succès.

Ceux qui recusent les experiences d'Op- tique de Mr. Newton, sont Mr. le Comte Ricatti que je ne connois point, & Mr. Ricetti, auquel je n'ai jamais écrit : Je n'ai aucun commerce de Lettres avec les Sçavans d'Italie ; mais je ne desespere pas que Mr. Newton ne mette incessamment sur mon compte ce que Mr. Micheloti a publié contre quelques-uns de ses Pro-

* *Recueil de Mr. des Maizeaux. Tome 2.*

bléines fur l'Eau , & la longue Differta-
tion d'un Anonime fur fa Phyfique ce-
lefte.

Il eft étonnant que Mr. Newton qui ne
veut raifonner en Philofophie que dépen-
damment des faits , s'écarte de cette mé-
thode dans le jugement des actions hu-
maines ;* s'il perfifte dans fes accufa-
tions , *n'eft-il pas obligé* , felon fon propre
principe , *de les prouver* , * *à peine de
paffer pour coupable de calomnie?* Or
comment prouvera-t-il mes refforts de
Venife , mon Antiquaire de Paris , mon
amitié mafquée , ma médiation clandefti-
ne , & les autres chimeres dont il lui a plû
d'embelir l'idée qu'il s'eft formée de moi ,
comme d'une Courbe Géometrique ?

Pour ce qui regarde mon caractere , je
fuis fâché que fes défiances les lui faffent
méconnoître ; je ne m'applique à l'étude
ni pour faire fortune , ni pour acquerir un
grand nom , j'étudie comme je voyage ,
c'eft-à-dire , pour mon plaifir.

Je ne lui ai pas demandé d'être agregé
à la Societé Royale ; c'eft lui-même qui
me l'a offert , en récompenfe , peut-être ,
de ma médiation prétenduë ; j'y ai con-
fenti : mes infirmitez ne me permettent

* *Lettre de Mr. Newton. pag. 14.*
* *Recueil de Mr. des Maizeaux. Tom. 2.*

pas de m'appliquer autant que je souhaiterois à la Philosophie experimentale & aux Mathematiques, & je dois tout ce que j'en sçai à Mr. Herman, ci-devant Professeur de Mathematique dans l'Université de Padouë. J'aime beaucoup ces sortes d'études ; mais elles ne m'inquiettent guere, & dans le fond je n'en estime pas plus l'objet que le quadrille, ou la chasse ; tout cela revient au même, quand on l'examine sans passion ; & d'ailleurs je suis persuadé que si on excepte quinze ou vingt problémes utiles aux Arts & aux usages de la Societé ; tout le reste sera peut-être méprisé un jour comme certaines questions Scholastiques, ou les questions du Vuide, des Atomes, du Tems, de la perfection de l'Univers, &c. que Mr. Newton méprise. Je veux croire qu'il n'a aucune part dans les Lettres que le Docteur Clark a échangé avec Mr. Leïbnitz, & qu'il est très-éloigné d'admettre les consequences que le Docteur Whiston, & Mr. Cheyne ont tirées du Corollaire mis à la fin du Livre des principes Mathematiques de la Philosophie naturelle, & de quelques propositions répanduës çà & là dans les questions inserées à la fin du Livre des couleurs ; mais par malheur ces propositions

ont été si fecondes en systemes , qu'
elles ont fourni matiere à ces Livres , où
Mr. Newton est reconnu comme le chef
d'une nouvelle Métaphysique , qui ne paroît pas avoir eu grand cours.

FIN.